AF337732

# FIGURE HISTORIQUE

## DE

# SAINT MARTIN

ÉTUDE SUR SON ROLE ET SUR SON INFLUENCE

PAR

M. L'ABBÉ C. CHEVALIER

SECRÉTAIRE DE LA SOCIÉTÉ ARCHÉOLOGIQUE DE TOURAINE
SECRÉTAIRE PERPÉTUEL DE LA SOCIÉTÉ D'AGRICULTURE, SCIENCES, ARTS ET BELLES-LETTRES
DU DÉPARTEMENT D'INDRE-ET-LOIRE

DEUXIÈME ÉDITION

PRÉCÉDÉE D'UNE LETTRE DE MGR L'ARCHEVÊQUE DE TOURS

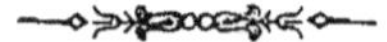

TOURS

IMPRIMERIE DE J. BOUSEREZ

RUE DE L'INTENDANCE, 13 ET 16

—

1864

# LETTRE

DE

## M<sup>GR</sup> JOSEPH-HIPPOLYTE GUIBERT

ARCHEVÊQUE DE TOURS

### A M. L'ABBÉ C. CHEVALIER

CURÉ DE CIVRAY-SUR-CHER.

*Tours, le 26 décembre 1861.*

MON CHER CURÉ,

Je viens de lire votre brochure sur saint Martin. On ne peut rien dire de mieux, ni le mieux dire. Cette publication est très-opportune en ce moment. On dirait qu'en l'écrivant vous aviez le pressentiment des attaques dont l'Œuvre de Saint-Martin devait être l'objet. Votre écrit est la seule réponse qui convienne, précisément parce qu'elle n'est pas une réponse. On ne doit pas une réfutation directe à des objections qui ne sont pas sérieuses.

Je me propose d'envoyer ce petit écrit à M. le Ministre, en priant Son Excellence de le lire, pour se convaincre de plus en plus combien est raisonnable et populaire la pensée d'élever à Tours une église en l'honneur de saint Martin. Il sera bon d'envoyer la brochure aux journaux religieux, qui ne manqueront pas de la reproduire ou au moins d'en donner des extraits. Il est à désirer que ce petit écrit soit lu et propagé partout. Je verrais avec plaisir que les prêtres du diocèse, qui voudront tous se le procurer, le répandent et le fassent connaître parmi les fidèles. L'Œuvre de Saint-Martin, qui est particulièrement chère au clergé, ne pourra qu'y gagner.

Agréez, mon cher Curé, mes sincères remercîments, avec l'assurance de mon attachement affectueux.

† JOSEPH-HIPPOLYTE,

ARCHEVÊQUE DE TOURS.

Au moment où la Touraine se préoccupe ardemment de la reconstruction de la basilique de Saint-Martin, nous avons cru devoir apporter notre concours, si faible qu'il soit, à une œuvre qui doit intéresser tout cœur chrétien et français. Si nous ne pouvons fournir de plus riches matériaux à ce noble édifice, donnons-lui au moins notre grain de sable.

Nous destinons ce petit écrit aux gens du monde, à cette classe nombreuse de lecteurs qui aiment à voir, non-seulement le côté religieux des choses, mais encore le côté historique et humain. C'est à ce dernier point de vue que nous nous sommes placé exclusivement. En saint Martin nous voulons dévoiler l'homme, la figure historique et la mission providentielle, plutôt que le saint ; nous voulons expliquer le rôle et l'influence de l'illustre évêque de Tours, et montrer que la reconstruction de sa basilique est sans doute une œuvre pieuse, une œuvre d'intérêt local, mais qu'elle est aussi une œuvre nationale à laquelle personne ne peut rester indifférent.

Envisagé sous cet aspect, saint Martin nous apparaît comme une des plus grandes figures du moyen-âge, comme le type le plus frappant sur lequel se soit modelée notre nation. Puisse le portrait que nous allons en tracer ici ne pas rester trop au-dessous de saint Martin et de l'image que nous nous en sommes formée !

C. Cн.

# FIGURE HISTORIQUE

## DE

# SAINT MARTIN

### ÉTUDE SUR SON RÔLE ET SUR SON INFLUENCE

Chaque homme ici-bas a un rôle à remplir, domestique ou public, obscur ou éclatant. Les uns exercent une action à peine sensible dans l'humble sphère où ils s'agitent : ils passent inaperçus, et disparaissent sans laisser de trace de leur existence. D'autres, jetés sur un plus vaste théâtre, jouent un rôle plus ou moins important sur la scène du monde, et se trouvent mêlés, comme acteurs secondaires, au mouvement de leur siècle. D'autres, enfin, envoyés sur la terre avec une mission providentielle, résument en eux toute une époque, commandent aux nations plus que les rois eux-mêmes, donnent le mot d'ordre au lieu de le recevoir, et introduisent les peuples dans des voies nouvelles. Au nombre de ces hommes providentiels nous devons compter saint Martin, dont le nom, dans l'histoire religieuse et politique des Gaules, remplit à lui seul la seconde moitié du IV siècle, et domine encore les siècles suivants.

Saint Martin n'est donc point pour nous un saint ordinaire. Sans doute, si nous voulions l'envisager en lui-même, l'isoler de l'époque qu'il a remplie, de l'influence qu'il a exercée, du mouvement auquel il a imprimé l'impulsion, il nous offrirait encore un sujet digne du plus haut intérêt. Les admirables vertus dont il a donné l'exemple étonneront toujours la postérité ; sa charité, son esprit d'abnégation, son zèle apostolique, sa patience, sa douceur, son dévouement, nous présenteraient de magnifiques tableaux. Toutefois, il nous semble que, sans trop l'amoindrir, nous pouvons voir dans le glorieux patron de la Touraine et de la France, autre chose qu'un sublime modèle de toutes les vertus ; nous pouvons voir en lui l'ouvrier de la Providence, l'œuvre divine et humaine que Dieu a voulu accomplir par ses mains, et à ce point de vue sa figure prend une étonnante majesté.

Ce n'est point, en effet, sans un grand dessein que Dieu l'avait rendu puissant en œuvres et en paroles et en avait fait l'homme de sa droite. Si nous recherchons quelle a été la mission providentielle de saint Martin, quels ont été le but et la portée de son influence, nous serons frappés de l'imposante grandeur qu'il nous offrira, soit pendant sa vie, soit après sa mort. La mission de saint Martin nous présente ces deux phases distinctes : pendant sa vie, il convertit la Gaule entière par la prédication de sa parole et de ses miracles ; après sa mort, il se survit à lui-même pour protéger de son influence tutélaire le berceau de la nation française, et présider du fond de sa tombe au développement de ses destinées.

C'est à ce point de vue tout nouveau que nous avons voulu nous placer pour parler de saint Martin. Les contemporains de notre saint, trop rapprochés de lui, n'ont pas même entrevu les vastes proportions de son rôle ; les historiens modernes, s'attachant servilement à suivre Sulpice Sévère et Grégoire de Tours, se sont trop renfermés dans la partie anecdotique de leur sujet, et n'ont pas essayé de rassembler les traits épars de cette grande physionomie pour en faire un portrait complet et vivant ; nous osons dire qu'en ne voyant dans leur héros que le saint, ils n'ont pas vu saint Martin tout entier. C'est cette lacune que nous avons voulu combler, en présentant aujourd'hui à nos lecteurs la figure historique de saint Martin, telle qu'elle se dessine à quinze siècles de distance, dans la trame des événements.

## I

Saint Martin naquit en l'an 316 en Pannonie (aujourd'hui la Hongrie), sur les confins de l'empire romain, mais il fut élevé à Pavie, où, à l'âge de dix ans, malgré les persécutions de sa famille encore païenne, il se fit inscrire au nombre des catéchumènes, pour se préparer à recevoir le baptême. Fils d'un tribun militaire, il se trouva lui-même astreint par les lois à la carrière des armes : il était encore soldat lorsqu'il partagea son manteau avec un pauvre, aux portes d'Amiens. Après avoir obtenu son congé, il reçut le baptême et vint se fixer près de saint Hilaire, évêque de Poitiers, qui remplissait alors l'Orient et l'Occident du bruit de sa science et de sa sainteté. Martin ne tarda pas à se faire connaître au loin par ses vertus, ses prédications et ses miracles. A la mort de saint Lidoire, en 372, il fut élu évêque de Tours par les acclamations unanimes du clergé et du peuple, mais il fallut employer une pieuse ruse et faire un appel pressant à sa charité pour déterminer l'humble anachorète à sortir de sa retraite de Ligugé.

Ordonné évêque malgré sa résistance, saint Martin se consacra avec un dévouement admirable à tous les devoirs dela charge épiscopale. Son zèle, ne se renfermant pas dans les limites de son diocèse, s'étendit à toute la Gaule, dont Martin devint ainsi le missionnaire et l'apôtre. Ce saint évêque mourut à Candes, à l'âge de quatre-vingt-un ans, le 8 novembre 397.

Le principal titre de saint Martin aux yeux de l'histoire, c'est la conversion de la Gaule au christianisme. Au iv<sup>e</sup> siècle, cette contrée était encore presque tout entière plongée dans les ombres de l'idolâtrie. Bien différente de l'Italie et des provinces orientales de l'empire romain, où les chrétiens dominaient depuis longtemps, elle ne connaissait l'Évangile que depuis quelques années. La prédication de la foi, entravée par les persécutions, n'avait pu faire retentir la vérité sur tous les points de cette vaste région. Les villes seules connaissaient Jésus-Christ, et le paganisme, qui était encore en grande majorité, s'était réfugié dans les campagnes avec ses temples, ses idoles, ses superstitions et sa barbarie. La parole des évêques, la science des docteurs, l'exemple des saints, auraient sans doute gagné peu à peu ces multitudes à la doctrine évangélique, mais l'action de la parole est bornée, l'influence de la persuasion est lente, et si Dieu n'avait pas employé des moyens plus rapides pour convertir les idolâtres, il est incontestable que la conversion de la Gaule eût été retardée de deux siècles. Or, il entrait dans ses desseins d'appeler notre pays, à cette heure, et d'une manière solennelle, à la connaissance de la vérité, et pour cela il suscita non un orateur, ni un écrivain, ni un docteur; il ne se contenta pas même de susciter un grand évêque, un grand saint, il suscita un apôtre, un thaumaturge, et de même qu'il avait envoyé saint Paul à la Grèce, à la Gaule il envoya saint Martin.

Saint Martin réunissait en lui ces facultés éminentes qui donnent aux hommes une influence immense sur leurs semblables : une âme ardente et communicative, un cœur de feu, une parole sympathique, un zèle infatigable, et par-dessus tout cela la réputation d'une vertu héroïque et d'une sainteté consommée, couronnées par le don des miracles. Il possédait au suprême degré ce je ne sais quoi de divin qui subjugue et entraîne les hommes. Aussi produisit-il partout un effet irrésistible, constaté par le témoignage de ses contemporains, par le culte de tout l'univers et par l'admiration constante de la postérité. Partout où la Providence l'appela, il excita sur son passage un enthousiasme indescriptible. Des multitudes de chrétiens et d'idolâtres accouraient sur ses pas, et conduisaient les malades, les infirmes et les démoniaques; les sénats des villes se portaient à sa rencontre, et le suppliaient d'entrer dans leurs murs; des provinces entières se levaient en masse pour le voir et l'entendre. C'était une affluence immense, ou plutôt son voyage était une marche véritablement triomphale. Glorieux triomphe, où Martin conduisait après lui des troupes innombrables d'heureux captifs, qu'il arrachait à l'idolâtrie et conquérait à l'Évangile!

La popularité incomparable de saint Martin, comme celle de tous les hommes extraordinaires, franchit les montagnes et les mers, et cette brillante lumière de l'Église jeta d'éblouissants reflets jusqu'aux extrémités de l'univers catholique. La vie du bienheureux, écrite par son disciple Sulpice Sévère, et publiée avant la mort de notre saint, obtint un retentissement qu'envieraient aujourd'hui nos œuvres littéraires les plus renommées, et popularisa le nom de Martin dans le monde entier. Des milliers de mains s'occupaient sans cesse à copier cet écrit pour le livrer à tous les lecteurs de l'univers. A Rome, on se l'arrachait avec enthousiasme; on le lisait avec admiration à Carthage, en Égypte, dans tout l'Orient et jusqu'au fond des retraites de la Thébaïde. Ces pieux anachorètes, qui ne savaient plus dans leurs déserts si l'on fondait encore des villes, si l'on bâtissait encore des maisons, faisaient retentir du nom de Martin leurs muettes solitudes.

On conçoit, d'après ces détails, quel coup mortel le paganisme dut recevoir de la main de cet incomparable thaumaturge, qui marchait investi de la puissance de Dieu. A sa voix, à ses miracles, les peuples détruisaient leurs temples, renversaient leurs idoles, brûlaient leurs arbres sacrés, et se soumettaient à l'Évangile. « C'est alors, dit saint Grégoire de Tours en parlant de ses premières prédications, c'est alors que se lève sur notre pays une lumière brillante, et que la Gaule entière est éclairée des nouveaux rayons de ce flambeau; c'est alors que le bienheureux Martin commença de prêcher dans les Gaules, et prouvant aux peuples, par de nombreux miracles, que Jésus-Christ est vrai Dieu, il détruisit l'incrédulité des gentils. » En 350, les chrétiens ne formaient dans les

Gaules qu'une faible minorité, mais à la mort de saint Martin il était difficile d'y rencontrer encore des païens. Il est donc vrai de dire (et la tradition de tous les diocèses de France le confirme), que la Gaule entière a été évangélisée et convertie par saint Martin, et c'est ainsi que le grand évêque de Tours accomplit en quelques années, par son influence merveilleuse, ce que l'action lente et régulière du ministère pastoral n'eût pas opéré en deux siècles. Nous lui devons donc deux siècles de civilisation chrétienne, et non-seulement aux yeux du chrétien, mais encore aux yeux du penseur et de l'historien, c'est là un titre immense à la reconnaissance de la France.

A la mort de saint Martin, son œuvre était terminée ; cependant le saint évêque, jetant un regard inquiet sur la Gaule qu'il avait conquise à l'Évangile, disait à Dieu : « Seigneur, si je suis encore nécessaire à ton peuple, je ne refuse pas le travail ! » Mais sa tâche était finie ; la mission providentielle pour laquelle le Seigneur l'avait envoyé était accomplie, ou plutôt, du fond de son tombeau, il allait commencer une autre mission, non moins sublime, non moins glorieuse, non moins providentielle. Du fond de son tombeau, il allait veiller sur le berceau de la fille aînée de l'Église, et présider aux nouvelles destinées de la France.

## II

Saint Martin semble avoir été prédestiné de Dieu pour être d'une manière visible le protecteur de la nation française, au moins pendant les premiers siècles de sa jeunesse. Depuis sa mort jusqu'au xiie siècle, il plane sur toute notre histoire, et il apparaît, par-dessus la tête des rois et des généraux, comme le génie tutélaire de notre nation. Son tombeau devient, non-seulement un foyer d'influence chrétienne et civilisatrice, mais encore comme la pierre angulaire de la royauté. Il suffit d'ouvrir les yeux pour se convaincre de cette haute mission de notre Pontife, et du rôle glorieux qu'il a joué dans la fondation de l'influence française. En effet, la France courut, à l'âge de son adolescence, cinq grands dangers qui menacèrent d'entraver l'essor de ses destinées et la marche de la civilisation dont elle devait être l'initiateur par excellence. Avant d'acquérir sa virilité, elle eut à lutter contre cinq ennemis : la barbarie païenne, la barbarie arienne, la barbarie musulmane, la barbarie normande et la barbarie intellectuelle. Or, saint Martin, dans ces luttes suprêmes, se lève toujours au milieu de nos rangs, comme le champion de la France, et comme le sauveur de la civilisation.

Nous l'avons dit, ce n'était point sans un grand dessein providentiel que Dieu, par le ministère du saint évêque de Tours, s'était hâté de convertir nos pères avant la fin du iv<sup>e</sup> siècle. En effet, à l'époque où mourut saint Martin, les peuples barbares se pressaient déjà sur nos frontières, prêts à envahir et à saccager la Gaule. Or, pendant un siècle de pillage et de terreur, quelle influence aurait eue la vérité chrétienne, si elle eût été réduite à quelques fidèles dispersés? Les Francs, en arrivant sur notre sol, n'y eussent trouvé que le paganisme et la barbarie, et le développement de la civilisation naissante eût été retardé de deux ou trois siècles. Il en fut ainsi dans les autres pays où le paganisme de l'invasion vint se mêler au paganisme indigène : en Angleterre, par exemple, où le christianisme ne domina qu'à la fin du vii<sup>e</sup> siècle; en Espagne, où la monarchie chrétienne fut fondée plus tard encore; en Allemagne enfin, où les vieilles erreurs de l'idolâtrie régnèrent jusqu'à Charlemagne. Mais la Providence, qui voulait faire de notre nation la première nation catholique et la fille aînée de l'Église, envoya saint Martin disposer notre pays à la venue des Francs, en chasser les ténèbres de la barbarie païenne, et par l'unité de croyance préparer la conversion des Francs et la fusion des deux races. C'est donc lui qui est le créateur de cette influence civilisatrice que la Gaule profondément catholique devait exercer sur une nation barbare. Le monde ancien avait déjà offert un spectacle pareil : quand les Romains imposèrent à la Grèce les chaînes de la servitude politique, celle-ci à son tour imposa à ses vainqueurs les chaînes plus légères de ses arts, de sa littérature et de sa civilisation. Il en fut de même parmi nous : les Francs, en pénétrant sur notre territoire, y trouvèrent une atmosphère toute chrétienne qui les pénétra de toutes parts, et dont ils subirent l'influence irrésistible. Quatre-vingts ans à peine après la mort de saint Martin, le roi Clovis, tout païen qu'il était, respectait les églises, écoutait les évêques, épousait une princesse chrétienne et laissait baptiser ses enfants. La Gaule vaincue faisait ainsi la conquête spirituelle de ses propres conquérants. Et pour mieux déclarer que saint Martin, par son influence et sa popularité toujours vivantes, était l'apôtre posthume des Francs, comme il avait été pendant sa vie l'apôtre des Gaulois, Clovis, converti au Dieu de Clotilde, voulut recevoir le baptême à Reims, non dans la cathédrale, comme il eût semblé plus digne de la majesté royale, mais dans une humble église des faubourgs dédiée à saint Martin.

Pendant tout le moyen-âge, le tombeau de saint Martin a été en France le foyer le plus actif de l'influence chrétienne et civilisatrice. A cette époque de transformation profonde, l'Église était le seul salut de la société. En dehors d'elle, il n'y avait ni législation, ni justice, ni administration. C'est elle, qui, s'emparant de l'éducation des peuples barbares, leur a inculqué les principes tout nouveaux du respect du droit, du respect du sang, du respect de la femme, du respect de la faiblesse. Cet enseignement était sans doute confié, sur la surface du territoire, à mille bouches sacerdotales, mais toute la force semblait s'en être concentrée dans la basilique de Saint-Martin. Dans ce sanctuaire, le plus révéré des Gaules, le plus célèbre du monde après les sanctuaires de Jérusalem et de Rome, accouraient des multitudes de pèlerins, qui venaient puiser à ce foyer sacré l'ardeur de l'esprit chrétien. De ce centre rayonnait au loin l'enseignement de toutes les vertus, de tous les principes sociaux, et nous pouvons dire que le tombeau de saint Martin, par son influence prépondérante, a exercé l'action la plus décisive sur la marche de la civilisation et sur la formation de notre caractère national. C'était le grand foyer moral de la France.

Ne semble-t-il pas, en effet, que la France ait reçu l'empreinte profonde du génie de saint Martin? Il y a, entre le grand évêque de Tours et la nation française, une affinité évidente de caractère qui contribue à expliquer sa popularité constante parmi nous. Son courage héroïque sous les armes, sa charité inépuisable, son influence d'initiation, tout cela se retrouve dans notre caractère national. Soldat, évêque, missionnaire, il résume en lui le triple esprit qui anime notre pays, l'esprit militaire, l'esprit chrétien, l'esprit initiateur. Saint Martin partageant son manteau avec un pauvre, ah! voilà bien le type de cette France chevaleresque, de cette France généreuse, toujours prête, elle aussi, à partager son manteau, c'est-à-dire à prodiguer ses trésors et son sang, pour la cause du malheur et pour la cause de la civilisation chrétienne. Oui, voilà bien le type de cette France, qui, par l'épée de Pépin et de Charlemagne, coupait une portion du manteau impérial pour en couvrir le Pontife dépouillé, et constituer la souveraineté temporelle des Papes; de cette France qui volait aux croisades pour affranchir le tombeau de Jésus-Christ; de cette France, qui, dans tous les temps, s'est faite le champion des causes opprimées!

## III

C'était peu pour la Gaule d'avoir échappé, avant la fin du v⁰ siècle, aux dangers de la barbarie païenne introduite par les Francs. L'arianisme, représenté et défendu par les Visigoths, infectait alors la Gaule méridionale, depuis la Loire jusqu'aux Pyrénées. L'arianisme, c'était encore la barbarie, mais sous une autre forme; car cette hérésie, niant la divinité de Jésus-Christ, déchirait l'Évangile, ruinait le christianisme dans son essence, et arrêtait l'essor de la nouvelle civilisation.

C'est ici que se révèle toute la portée politique de la conversion de Clovis. En abjurant l'idolâtrie, il avait abaissé la principale barrière morale qui séparait les vainqueurs des vaincus, et préparé la fusion des deux races en un seul peuple; au lieu d'un oppresseur et d'un conquérant, les Gaulois ne voyaient plus en lui que le protecteur armé de leurs croyances. Aussi, d'après le témoignage de saint Grégoire de Tours, les catholiques du Midi désiraient ardemment l'arrivée des Francs, et nos évêques secondaient ce grand mouvement religieux, qui était aussi un grand mouvement politique, puisqu'il tendait à l'unité de la nationalité française. Le siége épiscopal de Tours compte un martyr de cette grande cause : saint Volusien, suspect à Alaric, fut exilé à Toulouse, où il mourut loin de son troupeau, appelant de tous ses vœux les libérateurs de sa patrie.

Clovis ne faillit point à sa mission. Dès le jour de son baptême, symbole de la France future, il devient le soldat de la Providence et de la civilisation, et commence cette œuvre des croisades que nous poursuivons encore aujourd'hui. En entendant le récit de la Passion, il s'était écrié : « Ah ! que n'étais-je là avec mes Francs ! » En apprenant les persécutions que les Visigoths infligeaient aux catholiques, il s'écrie : « Je ne puis souffrir que ces ariens possèdent une partie des Gaules, » et aussitôt il appelle les Francs sous les armes et se dirige vers Poitiers, où Alaric faisait sa résidence. Le roi franc ne voulut rien tenter sans la protection de saint Martin. En arrivant en Touraine, quoiqu'il fût en pays ennemi, il défendit à son armée, par honneur pour le saint, de commettre aucun désordre, aucune exaction dans son diocèse. « Comment pourrions-nous espérer la victoire, disait-il dans ses proclamations, si nous offensons saint Martin ! » Puis il envoie des ambassadeurs offrir de riches présents au tombeau du thaumaturge, et recueillir peut-être quelque présage de victoire. Les députés, en entrant dans la basilique, entendirent chanter ces paroles prophétiques des Psaumes : « Seigneur, vous m'avez revêtu de force pour la guerre ; vous avez renversé ceux qui s'étaient élevés contre moi ; vous avez mis mes ennemis en fuite, et vous avez exterminé ceux qui me haïssaient. » Animé par ce présage, Clovis fondit sur les Visigoths à Vouillé, remporta une victoire éclatante et décisive, et les chassa de presque toute la Gaule. Revenu à Tours, il fit de magnifiques présents au tombeau du saint évêque, et proclama que c'était à sa puissante protection qu'il devait le succès de ses armes. Puis, dans la basilique même, il revêtit la pourpre impériale que lui envoyait l'empereur Anastase, ceignit le diadème, et fut proclamé Consul et Auguste. Enfin, il s'avança triomphalement depuis la basilique de Saint-Martin jusqu'à la cathédrale de Tours, au milieu des acclamations populaires.

Circonstances remarquables ! c'est dans une église de saint Martin que la royauté française reçoit le baptême et se fait sacrer ; c'est sous les auspices de saint Martin qu'elle conquiert la moitié de la Gaule, et fonde l'unité politique du territoire français ; c'est dans la basilique de Saint-Martin, à Tours, qu'elle prend la pourpre et le diadème, et revêt, aux yeux des Gaulois, le caractère de la légitimité. Il n'y a pas un cœur français, qui, à ces souvenirs, ne déplore la ruine de cette célèbre basilique et la destruction de ce tombeau vénéré. Ce n'étaient pas là seulement des monuments de la piété de nos pères, c'étaient aussi des monuments de notre histoire nationale, et c'est une œuvre à la fois religieuse et patriotique de recueillir les pierres dispersées du sanctuaire.

## IV

Saint Martin est donc un des fondateurs de la monarchie et de la nationalité françaises. C'est pourquoi tous nos rois, et particulièrement les princes de nos deux premières dynasties, l'ont regardé comme leur protecteur le plus puissant. Ils faisaient sur son tombeau leurs serments les plus solennels ; ils s'honoraient du titre d'abbés de Saint-Martin, comme pour lui appartenir à un titre spécial ; avant de commencer aucune guerre, ils venaient pieusement saluer ses ossements sacrés, et lui recommander leur entreprise. Que dis-je ? ils tenaient à posséder avec eux comme un signe visible de sa présence et de sa protection, et ils portaient à la guerre, comme notre étendard national, la chape de saint Martin, c'est-à-dire le voile de soie qui couvrait le tombeau du saint thaumaturge.

Ce glorieux drapeau, qui avait déjà repoussé de notre sol la barbarie arienne, repoussa au viiie siècle la barbarie musulmane. Les Sarrasins, maîtres de l'Asie, de l'Afrique et de l'Espagne, avaient franchi les Pyrénées, et se flattaient de soumettre la France et l'Europe au joug de Mahomet. Avec eux arrivaient le fanatisme, le culte de la volupté, la polygamie, la destruction de la famille chrétienne, et surtout la haine du nom chrétien. Après avoir soumis et pillé le Midi, ils se hâtaient vers Tours pour s'emparer des trésors de la basilique de Saint-Martin ; mais ils ignoraient qu'ils venaient se heurter contre un rempart inexpugnable, et s'attaquer au protecteur même de la France. Charles-Martel accourt avec une armée, la range sous la bannière de saint Martin, et rencontre l'ennemi dans ces landes de Miré, d'où l'on découvre la ville de Tours et la basilique. Jamais lutte plus solennelle, plus grandiose, ne s'engagea entre deux peuples. Il ne s'agissait pas, en effet, de mesquins intérêts de territoire ou de politique ; la cause même de la civilisation et de la chrétienté était en jeu. Mais nos troupes combattaient sous la bannière de saint Martin, et pour ainsi dire à l'ombre de sa basilique ; avec ce double palladium, la victoire pouvait-elle être douteuse ? Les Sarrasins furent taillés en pièces, et l'Europe entière fut sauvée de la barbarie musulmane.

Un siècle plus tard, la France courait un autre danger, celui de l'invasion normande. Dans ces luttes terribles où elle eut à subir de cruelles épreuves, la victoire resta en fin de compte au christianisme et à la civilisation. Les Normands,

convertis à l'Évangile par cette influence dont le siége principal était à Tours, se fixèrent sur notre territoire, et devinrent
partie intégrante de la nation française. Après avoir rencon-
tré saint Martin comme son plus redoutable adversaire dans
les batailles, cette race guerrière le prit pour son patron, et
quand Guillaume-le-Conquérant se fut emparé de l'Angleterre, il éleva le monastère de Saint-Martin-de-la-Guerre sur
le lieu même du combat d'Hastings, et le peupla de moines
de Marmoutier.

Et ici nous ne saurions oublier de raconter que dans les
guerres normandes, la ville de Tours fut sauvée de la ruine
et du pillage par la protection de son grand évêque. Au mois
de mai 843, les barbares du Nord vinrent assiéger cette ville,
et après plusieurs assauts redoutables ils étaient sur le point
de s'en emparer, lorsque les habitants eurent recours à saint
Martin. Le corps de l'illustre Pontife fut porté processionnel-
lement sur les murs de la cité, au chant des hymnes et des
psaumes. A cette vue, les assaillants furent saisis d'une terreur panique et commencèrent à faiblir. Les assiégés, animés
par cette foi qui transporte les montagnes, les attaquèrent à
leur tour avec vigueur, les mirent en fuite, et prenant avec
eux la châsse du saint, ils poursuivirent l'ennemi jusqu'à
quatre lieues de la ville, où ils en firent une effroyable bou-
cherie. En mémoire de cet événement, ils élevèrent deux
églises en l'honneur de saint Martin, l'une sur le lieu même
de la victoire, à Saint-Martin-le-Beau *(Sanctus Martinus de
bello)*, l'autre sur les remparts de la ville ; et pour mieux en
consacrer le souvenir, l'année suivante, dans un concile pro-
vincial, l'archevêque de Tours institua une fête tout à la fois
religieuse et patriotique, que nous célébrons encore aujour-
d'hui le 12 mai, sous le titre de la *Subvention de saint Martin*.

Autrefois la ville de Tours, ayant ses magistrats en tête,
célébrait cette fête avec une grande pompe, mais depuis,
plus oublieuse que l'Église, elle ne s'est plus souvenue de ce
qu'elle devait à son protecteur. Aujourd'hui, renouant les
anciennes traditions, une municipalité intelligente reconnaît

tout ce qu'elle doit à saint Martin ; elle sait que son tombeau, placé dans une campagne déserte, est devenu en peu de temps le centre d'une ville nouvelle, riche et puissante, sans laquelle l'antique cité des Turones n'aurait été pendant des siècles qu'une agglomération sans importance et sans éclat ; elle sait qu'en faveur de ce tombeau, la ville fut affranchie de tout impôt sous la première race de nos rois, et que ce privilége y attira aussitôt une population considérable ; elle sait que ce pélerinage célèbre, l'un des quatre grands pélerinages de la chrétienté, a été pour la ville de Tours la cause la plus active de son industrie, de son commerce, de sa prospérité ; elle sait que la vieille réputation du *Jardin de la France* a été transportée dans le monde entier par les pèlerins de saint Martin. Elle sait tout cela, et dans sa pieuse reconnaissance pour le passé, dans une habile prévoyance pour l'avenir, elle tient à apporter elle-même sa pierre à ce tombeau, qu'elle regarde avec raison comme l'un de ses fondements.

Ce que fait la ville de Tours, la France entière le fera. Elle n'oubliera pas que la chape de saint Martin a été pendant six cents ans notre étendard national, et que l'image du saint thaumaturge marchait à la tête de nos bataillons pour les conduire à la victoire. C'est sous cette bannière sacrée que la France s'est étendue, s'est affermie, s'est honorée. Pendant six siècles cette bannière a abrité sous ses plis le sol, la patrie, le foyer domestique, les croyances, l'honneur de la France. Que dis-je ? elle a abrité, avec la cause de la France, la cause du catholicisme et de la civilisation ! Glorieux souvenirs, qui, dans un pays comme le nôtre, ne permettent à personne d'être indifférent !

<br>

V

<br>

Toutefois il ne suffisait pas d'avoir échappé à l'idolâtrie, à l'arianisme, aux Sarrasins et aux Normands ; pendant ces grandes luttes, la France était exposée à un autre danger, non moins sérieux, non moins redoutable, quoiqu'il ne se présentât pas les armes à la main : nous voulons dire au danger de la barbarie intellectuelle. Or c'est à saint Martin que nous devons aussi le bienfait de notre civilisation ; c'est lui qui, à cette époque critique, en a été le sauveur et le père. Saint Martin, en effet, est le fondateur des institutions monastiques en Occident. Il fonda par lui-même des monastères à Milan, à Ligugé, à Trèves, à Tulle, à Autun ; il fonda surtout le célèbre monastère de Marmoutier, dont il fit sa résidence habituelle. Cette dernière maison ne tarda pas à devenir une pépinière de saints, de savants, d'évêques, d'hommes illustres en tout genre, qu'on se disputait dans tous les diocèses de France. A peine fondée, elle envoya de tous côtés de pieuses colonies qui peuplèrent la Gaule de monastères construits et dirigés sur son modèle, et l'institution du grand évêque de Tours devint si florissante en peu de temps, qu'à ses funérailles on vit accourir des environs plus de deux mille moines.

La fondation des monastères, au moment de l'invasion des Barbares, fut le salut des arts, des sciences et des lettres. Les moines seuls conservèrent, au milieu de la ruine et de la confusion générales, les traditions dédaignées de la science et les souvenirs de l'antiquité ; eux seuls gardèrent, comme un dépôt sacré, les richesses de l'esprit humain et les trésors de la littérature ; eux seuls enfin empêchèrent qu'entre le passé qui s'écroulait de toutes parts, et l'avenir qui se reconstruisait sur des bases nouvelles, il ne se creusât un abîme infranchissable. Sans leur intervention providentielle, la chaîne qui unit les générations entre elles, et qui fait que chaque siècle est héritier des idées et des progrès du siècle antérieur, cette chaîne eût été fatalement brisée, et les peuples du moyen-âge, jetés sur notre sol sans souvenirs, sans traditions, sans généalogie, auraient dû recommencer péniblement toutes les conquêtes que l'esprit humain avait faites sur la barbarie depuis quarante siècles. Telle a été l'influence immense et trop peu remarquée de saint Martin sur les arts, les sciences et les lettres, par l'institution monastique, ou pour mieux dire, il en a été le sauveur et le père.

C'est aussi à Tours, dans la célèbre collégiale de Saint-Martin, que fut instituée, à la fin du viiiᵉ siècle, la première école publique de la France, école qui fut la mère de l'ancienne Université de Paris. C'est là que l'éloquent Alcuin, le précepteur et l'ami de Charlemagne, enseigna à une foule avide d'auditeurs toutes les branches des connaissances humaines, que le grand thaumaturge des Gaules avait eu pour mission de sauver du naufrage universel par les mains de ses disciples. La lumière semblait émaner du foyer même qui l'avait conservée. Ne serait-il pas juste, pour consacrer le souvenir de ce fait si important dans l'histoire intellectuelle de la France, de donner le nom d'Alcuin à l'une des rues qui s'ouvriront autour de la future basilique? Ce nom dirait à tous que le tombeau du saint évêque de Tours a été un de ces phares lumineux qui dissipèrent parmi nous les ténèbres de la barbarie intellectuelle, et guidèrent les pas de nos pères vers cette civilisation moderne dont la France est si fière. Service immense, inappréciable, qui rend le moine du ivᵉ siècle un des plus grands bienfaiteurs de notre époque !

## VI

Tels sont les grands traits qui dessinent à nos yeux la figure historique de saint Martin. Nous avons voulu le faire envisager sous un point de vue trop négligé jusqu'à ce jour, quoiqu'il soit bien digne des méditations de l'historien, du philosophe et du chrétien. Nous avons voulu montrer en lui, non-seulement ce qu'il était pour ses contemporains, mais encore ce qu'il est pour la postérité, ce qu'il est pour la France : un homme providentiel, le tuteur de notre nationalité naissante, le sauveur de notre civilisation. Sa mission, voilà ce qui nous le présente sous l'aspect de son véritable caractère et de sa véritable grandeur.

Voyez plutôt, dans un résumé rapide, les traits principaux de cette existence glorieuse. La Providence prend par la main ce soldat obscur, illettré, et lui confie la mission sublime de fonder dans la Gaule la première monarchie catholique du monde. Armé d'une influence divine, Martin traverse notre pays, et en quelques années il achève la ruine du paganisme : ce conquérant pacifique, plus grand et plus glorieux que César, soumet à lui seul la Gaule entière au joug de l'Évangile.

A sa mort, sa mission entre dans une phase nouvelle. Sur ce sol, qui vient d'être arraché à la barbarie païenne, il s'agit de constituer une nationalité forte, indépendante, et surtout une royauté catholique. Le glorieux sépulcre de l'évêque de Tours devient la pierre angulaire de la monarchie française. Pendant six siècles, saint Martin plane sur la France comme le génie tutélaire de notre nation ; il se mêle à tous les grands événements de notre histoire, il prend part à nos luttes, il préside à nos destinées. De son tombeau partent les coups qui convertissent les Francs, chassent les Visigoths, écrasent les Sarrasins, et repoussent les Normands ; son tombeau reste au milieu de la barbarie le phare lumineux de la civilisation. Par son influence, saint Martin est donc le compagnon d'armes de Clovis, le collègue de Charles-Martel, le prédécesseur de Charlemagne, ou plutôt il prépare et complète l'œuvre de ces immortels génies. Tel est le rôle immense et glorieux de saint Martin, rôle qui lui assigne le rang d'un homme véritablement national. A ce point de vue, la reconstruction de la basilique de Saint-Martin est donc une œuvre nationale, qui intéresse la France tout entière.

C'est à ce titre que nous osons espérer pour cette œuvre le concours du Gouvernement. « Sire, dirons-nous à l'Empereur, le nom de saint Martin est un des plus grands noms de l'Église, un des plus grands noms de l'histoire; c'est dans la basilique de Saint-Martin que la royauté française a été inaugurée en la personne de Clovis; le voile qui abritait son tombeau a été pendant six cents ans notre étendard national.

Ces souvenirs toucheront Votre Majesté : Elle tiendra à honneur de réparer les torts d'une époque de vertige, et de relever cette église, qui fut le berceau de la monarchie. Votre bras, qui a inscrit sur le drapeau de la France une nouvelle liste de triomphes, replacera sur cette tombe ce voile glorieux qui a tant de fois conduit nos armées à la victoire. On y lira les noms de Vouillé, de Tours, de Fontenay, noms à jamais illustres, parce qu'ils sont inséparables de la grandeur française et de la gloire de saint Martin ! »

TOURS, IMPRIMERIE DE J. BOUSEREZ.